Richard Meerlicht

Gedichte eines Winters

100 kleine Gedichte für die kalte Jahreszeit

Kontaktdaten des Autors:
Richard.meerlicht@gmail.com

Herstellung und Verlag: BoD - Books on Demand,
Norderstedt
Erste Auflage 2021, Originalausgabe

© Richard Meerlicht, Berlin 2021

Printed in Germany

ISBN   9-783753-426730

**Bibliografische Information der Deutschen
Nationalbibliothek**
Die Deutsche Nationalbibliothek verzeichnet diese
Publikation in der Deutschen Nationalbibliografie;
detaillierte bibliografische Daten sind im Internet über
http://dnb.d-nb.de abrufbar.

Inhalt

Vorwort

Als ich mich März 2020 im Brüsseler Stadtteil Ixelles plötzlich in einem Lockdown wiederfand, beschloss ich, jeden Tag ein Foto des erwachenden Frühlings zu machen und ein kleines Vierzeiler-Gedicht dazu zu schreiben. Im Laufe der Zeit ergaben sich 50 Gedichte, die ich dann durch weitere 50 ergänzte und als kleines Gedichtbüchlein herausgab (*Gedichte in der Krise*). Diese deckten das Frühjahr ab und das gab mir die Idee, einfach im Juni mit etwa einem Gedicht pro Tag weiterzumachen, bis daraus ein Sommergedichtbändchen entstanden wäre. Schließlich beschloss ich, bis einschließlich Winter weiterzumachen, um einen ganzen Jahreszyklus mit jeweils einem Gedichtband abzudecken.

Mit dem vorliegenden Büchlein liegt der vierte und letzte Band des Jahreszeitenzyklus (Winter) vor. Während es im Sommer noch einfacher war, zu reisen, sind die Restriktionen mittlerweile wieder größer geworden. Da in Brüssel selten Schnee liegt, mangelte es erst jedoch an richtigen Winterbildern. Im Februar gab es jedoch nochmal einen Kälteeinbruch mit Schnee. Zahlreicher sind dennoch Bilder von Gebäuden als Resultat von Stadtspaziergängen.

Ich hoffe, es gibt Leser, die an diesen kurzen, einfachen Zeilen, wie in den ersten Bänden teils auf Deutsch, teils auf Englisch geschrieben, Freude haben. Leider lässt eine preiswerte Publikation im Books on Demand Verfahren, mit aus dem Internet rückkopierten Bildern niedriger Pixelzahl im Laserdruck keine hohe Druckqualität zu. Ich hoffe, die Leser sehen dies nach.

Berlin, im März 2021
Richard Meerlicht

1. Gedichte eines Winters

(Dezember 2020-Februar 2021)

1. Dezember

Ohne Schnee und ohne Eis,
man die Jahreszeit nicht weiß.
Der Winter begann
wie der Herbst zerrann.

4. Dezember

Vor dem Virus die Zugbrücke hochgezogen,
doch sie leuchtet noch,
die feste Burg der Musikkultur,
mit dem Mond um die Wette.

5. Dezember

Balve, kleine Stadt im Sauerland,
die der Besucher gemütlich fand.
Kirche im romanischen Stil,
auch Fachwerkhäuser gibt´s hier viel.

5. Dezember

Ein Haus in Fröndenberg, Westfalen,
auf der Fassade Wintersonnenstrahlen.
Noch Blumen, die Fensterläden offen,
frohgemut, so hab ich´s angetroffen.

7 December

An empty winter pew
waiting for flakes, just a few.
Lonely dream of Christmas snow
white clouds one day will throw.

8 December

Mirorring in the pond
the early winter sky,
such days I am fond
I don´t know why.

9 December

With twilights eternal sharade,
night falls on a half-timbered facade,
in Hagen, a town of not much reknown,
which I visisted all alone.

10 December

Even in winter some flowers survive,
this one has of petals five.
Blossoming violet and obstinate,
still hoping for insects to pollinate.

10 December

What do you think
about the rose in pink?
Of spring a splinter
at the beginning of winter

13 December

Atmosphere so festive,
but people still restive.
Large Christmas tree cone
avoids you feeling alone.

Berlin Central station

15 December

All the leaves are brown
and the clouds are grey.
Winters cold, cold wind
hasn´t blown them away.

17 December

Twenty twenty makes our hearts blue,
but one thing is also true:
it is not finished yet,
despite the many needles we already had.

19 December

Watermael´s Cité Floréal,
a Brussels Garden city.
Its old simple houses
making it so pretty.

19 December

The Garden city´s backyard surprise,
its unkempt attitude makes it so nice.
Houses similar, but not the same,
with their signature yellow window frame.

19 December

Grand Place in festive gear,
Christmas is already near.
Big illuminated fir-tree,
eye candy for everybody to see.

20 December

Narrow house, what a show,
styled in amazing Art Nouveau.
Only 2.4 metres wide,
its ornate facade the owner´s pride.

21 December

Watermael Garden City Logis,
green window-frame beauty it is.
Walking here through a quiet lane
is full of insights and never in vain.

22 December

This Schuman square Christmas ball
is full of light and so tall,
that you can walk through its core.
What do you want more?

23. Dezember

Wasserschloss in Velen, Westfalen,
daran findet man Gefallen.
Mauerwerk aus Ziegeln,
Fenster sich im Wasser spiegeln.

23. Dezember

Besucht man Billerbeck,
ist man hin und weg.
Baumberge-Touristenstadt,
welche viele Reize hat.

23. Dezember

In der kleinen Stadt, Lichter gehen aus.
Wer es kann, der bleibt zuhaus.
Die Nacht wird hier recht kalt,
und Weihnachten ist bald.

25 December

Us the year does carry
into a Christmas not so merry.
In the past just a chore
now people like to have of it more.

26. Dezember

Fröhliche Sterne
sieht man so gerne.
Ein Weihnachtsbaum vor dem Haus,
recht nett schaut das aus.

27 December

End of the year,
nothing to hear,
everything quiet,
a calm that´s just right.

27 December

On the Grand Place falls night,
and charming Christmas light.
The square so magic
to make forget a year´s tragic.

28. Dezember

Das Opernhaus geschlossen,
Erinnerungen verflossen.
Acht Säulen angestrahlt,
Weihnachtszeit Gebäude malt.

29 December

The brick house lanes
with the yellow window frames.
Walking a track,
showing charms of the houses´ back.

29. Dezember

Der weiße Schwan
er schwimmt heran.
Auf des Wassers Wellen,
in der Zeit, der schnellen.

30 December

In the centre of Brussels
a new building emerges.
Undulating,
like the flow of things.

31 December

A big building site,
the future seems bright.
Out with the old,
Except for a sculpture so bold.

31. Dezember

Weihnachtskugel aus Plastik,
die Zeit vergeht so hastig.
Das Jahr schon bald verweht,
die Zukunft in den Sternen steht.

1 January

New Year´s Eve like never before,
so quiet, but still not really a bore.
Almost no fireworks,
let´s hope to fire the old year works.

1 January

A brutalist office palace
at the outskirts of Brussels.
Prefabricated concrete elements,
windows bronze and oval,
in 1967 all that was novel.

2 January

Semi-transparent chapel on a hill,
its metal elements all standing still.
Flemish architecture pride
in the Hespengouw countryside.

2 January

Looking at many skies
through the chapel´s open eyes.
Lucid, but still closed,
surrealism rightly dosed.

3 January

When things are too heavy
we need stairs to heaven.
Longing for levitation
that defies gravitation.

5 January

The Flagey square still in Christmas mood
that´s ok, making people feel good.
In dark times, whatever the rite,
welcome is a dose of light.

8 January

Illuminated cones, a tree quite tall,
Avenue Louise does have it all.
Bringing many festive lights
into winter´s darkest nights.

9 January

Leuven´s Brabant gothic town hall
quite ornate and standing tall.
On the facade 236 statues to see,
sweet eye candy for you and me.

9 January

Early January, first signs of spring,
small blossoms bringing us some bling.
But too cold to develop fast,
winter some weeks will still last.

10 January

The writing on the wall
says it clear and shows it all.
To BE or not to be,
this city is mad to you and made for me.

10 January

In Belgium and notably Brussels,
the surreal has got some muscles.
Makes you sometimes feel,
can this or that be really real?

11 January

Masks are the thing
to survive until spring.
In many a style,
to wear them a while.

14. Januar

Die weiße Pracht schmilzt schnell dahin
und immer, immer wieder wird es grün.
Ein Hauch von Schnee bleibt liegen noch,
ein bisschen Winter ist es doch.

14. Januar

Am Ende des Tunnels noch kein Licht,
doch ein später Christbaum strahlt hinein.
Damit uns das Dunkel nicht zerbricht,
muss auch ein bisschen Hoffnung sein.

15. Januar

Der Frühling noch weit,
doch es ist höchste Zeit,
Zeit dafür zu haben,
uns am Lauf der Zeit zu laben.

16. Januar

Spuren im Schnee,
die ich vor mir seh.
In Winters Bann,
doch es geht voran.

16. Januar

Der Winter kommt nochmal zurück,
für manche ist´s ein kleines Glück.
Die Kinder sich am Schnee erfreuen,
sie Winterwunder niemals scheuen.

16. Januar

Auf die lange Bank geschoben,
der Winter den Schnee.
Für den Januar aufgehoben,
die Kälte, oh Weh´.

16 January

Oh no, no, no,
not more of the white snow.
The statue´s strong arms
resisting winter´s charms.

17. Januar

Orte, wo man heute nicht hinkann
am Ort, wo sie herkam,
wo der Kindheitsspielplatz war
von Margerite Yourcenar.

17 January

This new structure, that´s the thing,
architecture to give us some bling.
In times so hard, in times so vile,
it´s good ideas that make us smile.

19. Januar

Es grünt so grün,
wenn milde Lüfte zieh´ n.
Wetters Waschküche
schafft Winter-Brüche.

20 January

A new president who travels by train,
the hopes were not in vain.
A new administration will start
policies might be more smart.

20 January

Under electric wire
a streetcar named desire,
travelling with light
into the big city night.

21 January

The world wide wet,
that´s what we had.
Destiny we´ll meet
at a rainy puddle street.

22 January

The street again dry
and that is why
I take a walk.
If stones could talk.

23. Januar

An einem Kiosk in Antwerpen,
schwarze Lettern
auf einer goldenen Wand:

`Seht das Leben,
das über meine Steine
und zwischen deinen Zehen strömt,
denn wo wir etwas anfassen
trifft es uns´.*

23 January

On a modern building, triangles galore
looks quite pretty, no eyesore.
With the triangles mounting so high
the building really scrapes the sky.

23. Januar

Neben einer Menschentraube
eine Friedenstaube.
Nein, ´ne Friedenshand
ist, was ich fand.

25. Januar

Entschlossenes Regen
der Sonne entgegen,
wächst schon heran,
ein Löwenzahn.

26 January

The shop with books in Dutch
does not require much.
Distancing, of a km a fraction
to avoid a tricky infection.

29. Januar

Bücherschrank in Wuppertal,
ich spendete in großer Zahl.
Sogar ein Buch mit eigenen Gedichten,
mit guten, aber auch mit schlichten.

29. Januar

In Wuppertal ist es egal,
Graffiti fast schon überall.
Am Jazz-Lokal, dem `Loch´
aus diesem kommt kein Wasser noch.

30. Januar

Coesfeld,
wie es uns gefällt.
Kirchen, Schlosspark und Figur
Was macht den Charme der Stadt denn nur?

30. Januar

Horstmar, kleine Westfalenstadt,
die doch der Reize viele hat.
Kirchen, Burgen und ein Tor,
mit Staunen steht man da davor.

3. Februar

Der Mond, samtblaue Nacht,
mein Dichterherz erwacht.
Im Nu, in wenigen Sekunden,
ist schon der erste Reim gefunden.

3. Februar

Lettern an der Wand
die ich beim Flanieren fand.
In Streifen floss das Rosa,
was man halt dort so sah.

4. Februar

Nach Mitternacht
noch einer wacht,
die Schaffenswut,
der Geist nicht ruht.

5 February

The water castle seems to float
above its circumventing moat.
No leaf yet obstructs the view,
but spring´s foliage will later do.

5. Februar

Jahresringe, Jahresdinge,
Ringen mit den Jahren,
wie Wellen, ins kalte Wasser geworfen.
Ringe, die das Leben um uns legt.

5 February

Snowdrops are rising from brown leaves,
taking away our grieves.
Their pristine white
seems so right.

6 February

What´s the heck,
winter is back.
Late at night
cars so white.

7 February

Cold Sunday walk,
not much to talk.
Traces in the snow
where people go.

7 February

Winter finally back
on the calendar a speck.
Making the court white
making the day bright.

7 February

Hit by winter in the face
at a sandy, windy place.
In summer attire
is a chill so dire.

7 February

Park geometry in white
and not in green.
Winter brings into sight
patterns rarely seen.

8. Februar

Dunkler Weg durch weißen Schnee
er windet sich, soweit ich seh´.
Doch niemand geht den Weg entlang,
denn vielen ist vor der Kälte bang.

8. Februar

Langes Warten auf jemanden, der nicht kommt,
nur der Winter ist hereingeschneit.
Wie lange wird der Winter bleiben,
wie lange wird er Schnee noch treiben?

9 February

Still very cold,
but the strong sun makes it clear,
despite the snow,
spring is near.

9 February

The painting on the wall.
We try to fight the virus,
which is still standing tall.
However, giving up
would not be good at all.

9 February

The park with the pond,
of which I am fond.
A part under ice,
still so nice.

11 February

Of ice a little mountain,
covering the fountain.
Nature´s way to show,
that temperatures are low.

12 February

Sliding down the mound
that´s what many found
a nice distraction,
an innocent satisfaction.

13 February

Light at the end of the tunnel
through winter´s long funnel.
Feeling so blue
without light, that is true

14. Februar

St. Valentin, St. Valentin,
kam nicht vorbei,
ging woanders hin.

14 February

Despite efforts to save it, come what may,
someone´s love dies on St. Valentines´ day.
But in stone the scene lives forever,
someone we loved we are forgetting never.

14. Februar

Februarsonne schon mit
viel mehr Biss.
in des Schneees Decke
ein Loch sie riss.

15. Februar

Vom Lebens Schatten schwer getroffen,
im Innenhof im Innern hoffen.
Mit Himmels Blau geht Sehnen auf,
das Leben nimmt schon seinen Lauf.

15 February

Still cold, but already
looking into the future,
seeing with open eyes
buildings rising to the skies.

17 February

Life´s theatre, the magic,
sometimes funny, sometimes tragic.
When there are stones, that block the way,
jump over them and do not stay.

20. Februar

Es fährt ein Zug, nach nirgendwo
und manche sind darüber froh.
Der Winter reist vielleicht mit ab,
dem Frühling gibt er seinen Stab.

3. Der Blick zurück

(Gedichte 2012-19)

Dezember 2012

Im Allgäu Schnee zu Berge steht,
der Winter seine Wege geht.
Im Alpenvorland keine Frage,
der kalten Zeit so viele Tage.

Dezember 2013

Eine Ewigkeit her,
dass ich wollt, in Ewigkeit ich wär.
Am Ortsschild bleibt man hängen,
denn ewig hat auch Längen.

Dezember 2017

Allgäu-Winter nimmer hart,
Nebelzauber immer zart.
Der kleine Weiher ist jetzt leer
Der Sommer schon recht lange her.

Dezember 2017

Die Sonne sehr früh unter geht
und vorher tief am Himmel steht.
Taucht harten Schnee in zarten Schein,
die Nacht wird voller Kälte sein.

Januar 2017

Blick vom Balkon in Berlin.
Ein Tag, der wie Winter schien.
Auf dem Rasen etwas Schnee,
die Sonne, die ich kommen seh´.

Februar 2013

Freudenberg die Fachwerkstadt
im Winter schöne Muster hat.
Weiß und Schwarz und noch mehr Weiß,
Touristen finden´s really nice.

Februar 2015

Im Allgäu auf ´ner Langlaufspur,
geradeaus geht es dort nur.
Die Loipe glatt, die Luft so kalt,
recht erfrischt ist man schon bald.

February 2018

Melancholy not here to stay,
I survived St. Valentine´s day.
First flowers already to see.
Let it be, let it be.

The end

(Fortsetzung folgt)

Weitere Gedichtbände des Autors
(erschienen bei Books on Demand, Norderstedt)

Richard Meerlicht
Gedichte in der Krise
kleine Seelenwärmer in schwierigen Zeiten
(März-Mai 2020)

Richard Meerlicht
Gedichte eines Sommers
100 kleine Lichtstrahlen in schwierigen Zeiten
(Juni-August 2020)

Richard Meerlicht
Gedichte eines Herbstes
100 kleine Gedichte für die dritte Jahreszeit
(September-November 2020)